BEI GRIN MACHT SICH IHR
WISSEN BEZAHLT

AF153668

- Wir veröffentlichen Ihre Hausarbeit,
  Bachelor- und Masterarbeit

- Ihr eigenes eBook und Buch -
  weltweit in allen wichtigen Shops

- Verdienen Sie an jedem Verkauf

Jetzt bei www.GRIN.com hochladen
und kostenlos publizieren

Jonas Morgenthaler

Rechtspopulistische und rechtsextreme Bewegungen in den Niederlanden von 1945 bis heute

GRIN Verlag

Bibliografische Information der Deutschen Nationalbibliothek:

Die Deutsche Bibliothek verzeichnet diese Publikation in der Deutschen National-
bibliografie; detaillierte bibliografische Daten sind im Internet über http://dnb.d-
nb.de/ abrufbar.

Impressum:

Copyright © 2002 GRIN Verlag GmbH
Druck und Bindung: Books on Demand GmbH, Norderstedt Germany
ISBN: 978-3-656-74223-4

Dieses Buch bei GRIN:

http://www.grin.com/de/e-book/10668/rechtspopulistische-und-rechtsextreme-
bewegungen-in-den-niederlanden-von

GRIN - Your knowledge has value

Der GRIN Verlag publiziert seit 1998 wissenschaftliche Arbeiten von Studenten, Hochschullehrern und anderen Akademikern als eBook und gedrucktes Buch. Die Verlagswebsite www.grin.com ist die ideale Plattform zur Veröffentlichung von Hausarbeiten, Abschlussarbeiten, wissenschaftlichen Aufsätzen, Dissertationen und Fachbüchern.

Besuchen Sie uns im Internet:

http://www.grin.com/

http://www.facebook.com/grincom

http://www.twitter.com/grin_com

Rechtspopulistische und rechtsextreme Bewegungen in den Niederlanden 1945 – heute

von

Jonas Morgenthaler

Seminar: Xenophobie, Rassismus und Antisemitismus

Sommersemester 2002

Rechtspopulistische und rechtsextreme Bewegungen in den Niederlanden 1945 bis heute

Schriftliche Version des Vortrags von Jonas Morgenthaler

4. Semester FGW / Zeitgeschichte, Medienwissenschaften, Journalismus

Inhaltsverzeichnis

1. Einführung

Diese Arbeit soll einen Überblick geben über rechtsradikale[1] und rechtspopulistische[1] Parteien und Organisationen in den Niederlanden nach dem zweiten Weltkrieg. Sie soll Aufschluss geben über deren historische Entwicklung und über die aktuelle Situation. Die Niederlande gelten häufig als eines der demokratischsten Länder in Europa und werden gelobt für ihre zukunftsgerichtete Politik des Multikulturalismus und der Toleranz. Wird über Rechtspopulismus diskutiert, zieht man die Niederlande höchstens als Vorbild heran. Auch in der Fachliteratur findet man selten Informationen über Rechtspopulismus und Rechtsradikalismus in den Niederlanden, in einigen komparativen, europäischen Studien wird das Land gar ausgelassen[2]. Die Recherche stellte sich daher als schwierig heraus, zudem ist entsprechende Literatur meist nur in Holländisch erhältlich und das Thema wird vor allem innerhalb des Landes diskutiert.

Trotzdem - oder gerade deswegen - ist es aufschlussreich, sich auch mit den rechten Bewegungen in den Niederlanden zu befassen, einem Land, welches in dieser Beziehung bis zum Auftauchen des Rechtspopulisten Pim Fortuyn in diesem Jahr kaum internationale Schlagzeilen gemacht hat. Denn auch in den Niederlanden gab es mehrere gewalttätige Attacken auf ausländische Einrichtungen und Geschäfte. Auch in den Niederlanden sind in den Fussballstadions antisemitische Gesänge zu hören. Und auch in den Niederlanden existieren seit längerem mehrere Parteien, die rechtsextreme Züge aufweisen.

Im folgenden Kapitel (2.) werde ich versuchen, einen generellen Überblick über die Entwicklung zu geben. Dabei werde ich die konkreten Parteien nur am Rande erwähnen, um Klarheit zu bewahren. Nach diesem Überblick werde ich im dritten Kapitel (3.) auf die einzelnen Phasen der historischen Entwicklung eingehen und die dazugehörigen Parteien näher betrachten. Im vierten Kapitel behandle ich die

---

[1] Da die Begriffe Rechtsextremismus, Rechtsradikalismus und Rechtspopulismus verschieden definiert werden können, verwende ich diese Begriffe im Sinne der definitorischen Annäherung, die im Seminar von Urs Altermatt gemacht wurde. Dabei setze ich Rechtsextremismus dem Rechtsradikalismus gleich. Merkmale dazu sind u.a. Rassismus, Ethnozentrismus, Gewaltakzeptanz und absoluter Wahrheitsanspruch. Rechtspopulistische Merkmale sind u.a. ein volkstümlicher Politikstil, Fremdenfeindlichkeit, Kritik am ‚politischen Establishment' und eine antielitäre Einstellung.

[2] Zu nennen ist hier unter anderem: Betz: Radical right-wing populism in Western Europe; Loch/Heitmeyer(Hg.): Schattenseiten der Globalisierung.

aktuelle Situation und die Entwicklung, die dazu geführt hat, und mache einen vorsichtigen Ausblick auf die Wahlen vom 15. Mai 2002.[3]

2. Die rechtsradikalen und rechtspopulistischen Parteien und Organisationen nach 1945 - Ein Überblick

Noch bis vor einem halben Jahr entstand bei der Betrachtung der stark rechts stehenden Parteien in den Niederlanden ein recht klares und einheitliches Bild. Die Parteien waren klein, mit wenigen Mitgliedern und - im Vergleich zu anderen europäischen Ländern - mit wenig Stimmenanteil. Von einer rechtspopulistischen Bewegung konnte nicht gesprochen werden, auch eine charismatische Führerfigur fehlte. Die Parteien konnten sich nie von der militanten rechtsradikalen Szene abgrenzen, und immer wieder sorgten aufgedeckte Verbindungen zwischen Parteimitgliedern und neo-nazistischen Kreisen für Skandale und Empörung. Parteien wie die ‚Centrumpartij' (CP), die ‚Centrumdemocraten' (CD) oder die ‚Nederlandse Volksunie' (NVU) spürten regelmässig den starken Widerstand seitens der etablierten Regierungsparteien und der Öffentlichkeit. Mehrmals wurden solche Parteien rechtlich verboten. Durch das extrem proportionale Wahlsystem kamen zwar auch Politiker dieser Parteien zu Kommunalsitzen oder gar Parlamentssitzen. Doch deren politische Integration führte zu keiner Abkehr vom rechtsextremen Lager und von der meist dahinterstehenden neo-nazistischen Ideologie. Zum Beispiel sind viele Parteimitglieder der eher gemässigten Parteien gleichzeitig Mitglieder in anderen, extrem rechtsstehenden und militanten Organisationen. So ist es nicht erstaunlich, dass der nationale Wähleranteil all dieser Parteien nur selten über 2% lag. Dazu beigetragen hat auch eine gut organisierte anti-faschistische und anti-rassistische Bewegung und die Zersplitterung und Streitigkeiten innerhalb der Parteien. Aus sozialpsychologischer Sicht kann auch die Situation der Niederlande während des 2. Weltkriegs genannt werden. Stärker als z.B. in Frankreich, wo es noch eine nationale - wenn auch manipulierte - Regierung gab, wurden in den Niederlanden die Nationalsozialisten vor allem als Besatzungsmacht wahrgenommen, die für viel Leid sorgte und keinen echten Bezug zum Land hatte. Diese Erinnerungen kommen wieder auf, wenn Parteien Verbindungen zur

---

[3] <http://www.tau.ac.il/Anti-Semitism/asw2000-1/netherlands.htm>

nationalsozialistischen Ideologie und zu neo-nazistischen Kreisen aufweisen. Die Parteien blieben also über Jahrzehnte hinweg schwach und konnten schwer Fuss fassen.

Doch spätestens seit den Kommunalwahlen am 7. März 2002, bei denen die Partei ‚Leefbaar Rotterdam' unter Pim Fortuyn zur stärkste Gruppierung von Rotterdam wurde, zeichnen sich neue Tendenzen ab. Wie kein anderer konnte er von der Unzufriedenheit der niederländischen Bevölkerung mit der seit 1994 bestehenden Regierungskoalition profitieren. Und dies obschon er durch rassistische Äusserungen Negativschlagzeilen machte und von der Partei ‚Leefbaar Nederland' - bei der er als Spitzenkandidat agierte - ausgeschlossen wurde. Mit Pim Fortuyn ist ein Politiker aufgetaucht, dessen Stil viele rechtspopulistische Züge aufzeigt, eine Führerfigur, wie sie bis jetzt nur in anderen europäischen Ländern wie Österreich und Frankreich existierte. Offen bleibt, wie stark er sich in den Parlamentswahlen vom 15. Mai profilieren kann, doch Prognosen deuten auf einen Anteil, der die Links-Mitte-Regierungskoalition um ihre Mehrheit bringen würde.[4]

3. Die rechtsradikalen und rechtspopulistischen Parteien und Organisationen nach 1945 - Die einzelnen Phasen der Entwicklung

Die Entwicklung der rechten Parteien in den Niederlanden ist in sechs Phasen einteilbar, wobei die letzte Phase noch nicht abgeschlossen ist und in einem separaten Kapitel behandelt wird (4.). Die Grundlage dieser Aufteilung lieferte Christopher T. Husbands, der in der Zeit bis Ende der achziger Jahre vier Phasen unterschied (Kapitel 3.1. bis 3.4.)[5]. Ich ziehe sie weiter und unterscheide weiter eine Phase der neunziger Jahre (3.5.) und eine aktuelle (4.). Obschon diese Aufteilung eher grob ist, gibt sie so doch einen relativ klaren Einblick in die verschiedenen Strömungen und Parteien im Laufe der Zeit.

---

[4] Eatwell: The Rebirth of the 'Extreme Right' in Western Europe, 407-425.

[5] Husbands: Irritants on the Body Politic, 95-125.

3.1. Von 1945 bis zur Gründung der ‚Boerenpartij' 1958 - Erste Versuche

Nach dem zweiten Weltkrieg wurden in den Niederlanden verschiedene kleine, eindeutig rechtsextreme Gruppen gegründet. Die Mitglieder dieser Gruppen waren meistens Kriegskollaborateure und ehemalige Gefolgsleute der ‚Nationaal Socialistische Beweging' (NSB), einer faschistischen Bewegung der Zwischenkriegszeit. Diese kleinen Gruppen schlossen sich im April 1951 zur sogenannten ‚Stichting Oud Politieke Delinquenten' (SOPD) zusammen. Da diese Vereinigung nicht verboten wurde, gründeten die Mitglieder im Juni 1953 eine formelle politische Partei, die ‚Nationaal Europese Sociale Beweging' (NESB). Die nationalsozialistische Prägung der Partei und gesetzliche Verstösse von Mitgliedern führten im April 1955 zum Verbot der Partei. Zehn Jahre nach dem Krieg tolerierte man die kleinen Gruppen zwar, eine offizielle nationalsozialistische Partei aber kam nicht in Frage.[6]

3.2. Die 60er - Der neue Extremismus und die Ära der ‚Boerenpartij' (BP)

Erst 1958, mit der Gründung der ‚Boerenpartij' durch Henrik Koekoek, erschien eine neue Partei in den Niederlanden, die rechtsextreme Züge aufwies. 1963 gewann sie in den Parlamentswahlen 2,1% der Stimmen, 1966 bei den Kommunalwahlen sogar 6,7%. Der Erfolg zwischen 1963 und 1967 kam für alle überraschend, auch für die Partei selber. So mangelte es der BP an geeigneten Personen, welche die gewonnenen Sitze besetzen konnten. Als Folge dieses Zustands kamen einige Individuen zu einem Sitz, die eine unrühmliche Kriegsvergangenheit hatten und teilweise immer noch im neo-nazistischen Umfeld aktiv waren. Unter anderem als Resultat dieser durch die Medien aufgedeckten Aktivitäten wurde der Stimmenanteil schon in den Wahlen 1967 wieder kleiner (4,7%). Obschon die Partei rechtsextreme Mitglieder hatte, ist die Bezeichnung als rechtsextreme Partei umstritten. Die Partei selber distanzierte sich davon. Unbestreitbar hingegen ist der oppositionelle Charakter des Parteiprogramms. Ein Grund für die erstaunlichen Erfolge sieht der Historiker Christopher T. Husbands daher auch in der Restrukturierung des

---

[6] Husbands: Irritants on the Body Politic, 95-125.

niederländischen Politiksystems, von welcher die neue Partei profitieren konnte. Als sich die politische Landschaft Ende der sechziger Jahren wieder gefestigt hatte, konnte die BP keine nennenswerte Erfolge mehr erzielen. Ein weiterer Grund liegt in der starken Zunahme von Arbeitsimmigranten, hervorgerufen durch einen Arbeitskräftemangel in verschiedenen Industrien. Die mehrheitlich aus der Türkei und Marokko stammenden Menschen weckten vor allem in den Grossstädten rassistische Gefühle, da dort der Anteil ausländischer Bevölkerung überproportional zunahm.[6]

3.3. Die 70er - Die Ära der ‚Nederlandse Volksunie' (NVU)

Die ‚Nederlandse Volksunie' dominierte die extreme Rechte in den Niederlanden der späten Siebzigern, obschon sie nie einen Parlamentssitz gewonnen hat. Sie vertrat offen eine aggressive ausländerfeindliche Linie, was weitgehend eine Neuheit in der niederländischen Politik darstellte und somit die politische Agenda erheblich beeinflusste. Die Immigrationspolitik wurde danach immer wieder zu einem politischen Streitthema. Die NVU wurde 1971 von Joop Glimmerveen gegründet, der immer wieder durch seine rassistischen Aktionen und seine Verbindungen zu nazistischen Kreisen auffiel. Bei den lokalen Wahlen in Den Haag 1974 vertrat er in seinem Wahlpamphlet unter anderem die Auffassung, dass Den Haag weiss und sicher bleiben muss und dass die Stadt von der Plage durch Surinamesen und Antillanesen – beides Ethnien aus ehemaligen holländischen Kolonien - befreit werden sollte. Die Ideologie hinter dieser Partei geht von der Minderwertigkeit der nicht-weissen Menschen aus und veranschaulicht den Radikalismus der Partei. Trotz dem niedrigen Wähleranteil (unter 2%) wurde die Partei zum Angstgegner vieler Politiker und verursachte auch die Gründung verschiedener antifaschistischen und antirassistischen Komittes. Der Grund liegt im offenen Rassismus bzw. der extremen antidemokratischen Position der Partei. Viele Mitglieder sind bekennende Neo-Nazis und auch die Verbindung zu militanten Kreisen ist wahrscheinlich. Diese Angst führte zu Verbotsversuchen gegen Ende der siebziger Jahren, und 1977 wurde die Partei nach gewalttätigen Aussschreitungen in ihrem Umfeld gerichtlich de facto verboten. Dadurch radikalisierte sie sich weiter und wurde eher zur politischen

Sekte. Joop Glimmerveen blieb eine aktive Figur im neo-nazistischen Umfeld. Seine Publikation ‚Volkse Waarnemer' war ein Sammelbecken für nazistisches und rassistisches Gedankengut. Im April 1996 versuchte Joop Glimmerveen eine Relancierung der NVU, doch auch diesmal blieben die Wahlergebnisse gering.[7]

3.4. Ab 1980 - Die ‚Centrumpartij' und die ‚Centrumdemocraten' (CP/CD)

Als die NVU von der Politbühne weitgehend verschwunden war, versuchten rechte Kreise eine Partei zu gründen, die eine klare ethnische Ausgrenzungspolitik vertreten sollte, ohne dabei mit der neo-nazistischen und rechtsextremen Szene in Verbindung gebracht zu werden. So entstand 1980 die ‚Centrumpartij' (CP). Ihr Hauptanliegen war der Kampf gegen eine liberale Asylpolitik. Dieser ging so weit, das in den Immigranten die Ursache für die meisten Probleme der niederländischen Gesellschaft - Arbeitslosigkeit, Kriminalität etc. - gesehen wurde. Schon bald nach dem Beginn gelang es dem Politiker Hans Janmaat, die Führung der Partei zu übernehmen. Er wurde zur wichtigsten Person der rechten Szene in den 80er Jahren. Im September 1982 gewann Janmaat - aufgrund des extrem proportionalen Wahlsystems - einen Parlamentssitz in der zweiten Kammer, mit einem nationalen Wahlergebnis von 0,8%. Doch die grössten Erfolge erzielte die Partei 1983 und 1984, wo sie einen nationalen Stimmenanteil von 2,5% erreichte. Nicht zuletzt war der relativ grosse Wähleranteil eine Folge der - im Vergleich zur NVU - gemässigten Politik, vor allem in ökonomischen und sozialen Themen.

Ende 1984 kam es zu internen Streitereien in der Partei, die zu einer Parteiteilung führten. Janmaat gründete die Partei ‚Centrumdemocraten' (CD), welche die eher gemässigte Linie weiterzog, konnte damit aber in den achtziger Jahren die Ergebnisse von 1984 nicht mehr wiederholen. Dennoch kehrte Janmaat 1989 nach einem Wahlerfolg von 0,9% wieder ins Parlament zurück. Die alte ‚Centrumpartij' ging 1986 bankrott, da sie durch den Verlust von Janmaats Parlamentssitz keine staatliche Unterstützung mehr erhielt. Doch noch im gleichen Jahr erfolgte die

---

[7] Husbands: Irritants on the Body Politic, 95-125.

Van den Brink: The Netherlands, 242-258.

Neugründung als ‚Centrumpartij '86' (CP '86). Das Parteiprogramm wurde weiter radikalisiert, die Verbindung zur rechtsextremen Szene wieder offensichtlich. Die ‚Centrumpartij '86' driftete ins neo-nazistische Umfeld ab und politisierte unter anderem für einen reinrassigen niederländischen Staat. Die nationalen Erfolge von 1984 konnte auch sie nicht wiederholen, die Partei verzeichnete aber gemessen an ihrer Radikalität bei den Stadtratswahlen 1986 – vor allem in den grösseren Städten – noch einen realtiv hohen Wähleranteil.

Der Erfolg dieser Parteien in den achtziger Jahren lässt sich primär auf die wachsende Abneigung in der Bevölkerung gegen eine liberale Asylpolitik zurückführen, die mit dem CP-Wahlspruch "stop the flood of foreigners"[8] aufgenommen wurde. Beide Parteien pflegen extrem xenophobische Ansichten. Die meisten Wähler stammen aus Teilen der Arbeiterklasse, die sich gegen lokale ethnische Minoritäten wendete. Häufig ist – wie auch Ende der neunziger Jahre - eine allgemeine Unzufriedenheit mit der Regierung anzutreffen. Die CP '86 schaffte es nicht, sich von der rechtsradikalen Szene abzugrenzen und war Grund für wiederholte Proteste von antirassistischen Vereinigungen. Sie ist die internationalste und militanteste rechte Partei in den Niederlanden und stand unter anderem in Kontakt mit der ‚Nationaldemokratischen Partei Deutschlands' (NPD), den ‚Blood&Honour' - Skinheads in England und dem ‚Ku Klux Klan'. Auch die CD hatte Mühe mit einer Abgrenzung von rechtsextremen Kreisen, konnte ihren Erfolg aber durch eine geschickte Politik Janmaats in die neunziger Jahre übertragen.[9]

3.5. Die 90er - neue Splitterparteien und mässiger Erfolg

Die CP '86 existierte auch in den neunziger Jahren mit bescheidenen Wahlerfolgen weiter. Doch nachdem die neu-nazistischen Elemente 1996 die gesamte Parteipolitik steuerten und prägten, wurde sie 1998 verboten. Schon vor dem Verbot entstanden

---

[8] Husbands: Irritants on the Body Politic, 114.

[9] Husbands: Irritants on the Body Politic, 95-125.
  Van den Brink: The Netherlands, 242-258.

Splitterparteien wie die gemässigteren ‚Volksnationalisten Nederland' (VNN), von der sich wiederum die ‚Nieuwe Nationale Partij' (NNP) abspaltete. Beide Parteien erzielten aber keine nennenswerten Erfolge.

Die ‚Centrumdemocraten' unter Hans Janmaat hingegen entwickelten sich weg von der rechtsradikalen Szene und wiesen immer mehr rechtspopulistische Züge auf (wenn der Wahlerfolg auch ziemlich gering geblieben ist). Sie stellten sich öffentlich nicht mehr grundsätzlich gegen die liberale Demokratie, wie dies die meisten extrem rechten Parteien vorher gemacht haben, sondern kritisierten Teile davon. In dieser Kritik wird ihr rechtsradikaler Ursprung dennoch sichtbar: 1994 zum Beispiel plädierte die Partei für die Abschaffung des ersten Verfassungsartikes. Dieser Artikel verbietet unter anderem die Diskriminierung aufgrund von ethnischen und religiösen Merkmalen und verlangt die Gleichbehandlung aller Personen, die in den Niederlanden leben. Gleichwohl modernisierte die Partei das Image der extremen Rechte in den Niederlanden, unter anderem durch einen anderen Zugang zum Immigrationsthema. Der offene Rassismus bzw. die Ausländerfeindlichkeit wurde abgelöst durch das Fokussieren auf sachlichere Themen, wie die grossen ökonomischen Kosten, welche die Immigration verursacht und das Aufzeigen von anderen vermeintlichen Missständen einer multikulturellen Gesellschaft. Mit all diesen Änderungen erreichte die Partei in den Kommunalwahlen 1994 2,9% und in den Parlamentswahlen zwei Monate später 2,5% der Stimmen. 1998 sanken die Stimmen aber unter 0,6%, nicht zuletzt weil die Partei doch immer wieder zu diskriminierendem Verhalten gegenüber Ausländern aufforderte und von den Medien stark kritisiert wurde. Dies führte dann 1998 zu einem rechtlichen Verbot von Parteisendungen und der Aufhebung der staatlichen Subventionen. Janmaat gründete darauf eine neue Partei, die ‚Conservatieve Democraten', wobei diese praktisch identisch mit der CD ist. Die kombinierte Liste dieser zwei Parteien erreichte aber in den Wahlen zum europäischen Parlament 1999 nur noch 0,5% der Stimmen, vor allem wegen den staatlichen Einschränkungen bezüglich Wahlkampagnen dieser Partei.

In den neunziger Jahren entstanden noch weitere rechte Kleinparteien und Organisationen, die vor allem durch ihren Extremismus und ihre Gewaltbereitschaft auffallen. Ein Beispiel ist die ‚FAP – Arbeiderspartij', die nur etwa 30 Mitglieder hat. Das primäre Ziel dieser Partei ist die Wiederbelebung der verbotenen deutschen

‚FAP'. Sie pflegt unter anderem Kontakte zur ‚Nation of Islam', einer stark antisemitistischen Organisation aus den USA. Ein zweites Beispiel ist die ‚Jongerenfront Nederland '94', die viele Jungnazis beherbergt und an den meisten Nazi-Demonstrationen teilnimmt. Wegen ihren Publikationen mit antisemitischem und rassistischem Inhalt gerät die Partei immer wieder in Konflikt mit der Polizei. Das ist nicht erstaunlich, da in der Parteiliteratur unter anderem Goebbels als Genie bezeichnet wird und alle SS-Soldaten als pure Idealisten verehrt werden.[10]

4. Die aktuelle Situation – ‚Leefbar Nederland' und Pim Fortuyn

Ende der neunziger Jahren ist vor allem unter den Jungen in den Niederlanden die Toleranz gegenüber Einwanderern stark gesunken. Die extreme Rechte scheint Grund zu gewinnen. Dies schlägt sich aber nicht primär in Erfolgen der in Kapitel 3 genannten rechtsextremen Parteien nieder, die immer wieder durch interne Machtpolitik und Gesetzesverstösse ins Abseits geraten, sondern durch ein neues Phänomen. Seit etwa einem halben Jahr sorgt eine neue Partei - die ‚Leefbaar Nederland' - und ein neuer Politiker - Pim Fortuyn - für Unruhe in der Politlandschaft der Niederlande. Pim Fortuyn ist ein Soziologieprofessor und beliebter TV-Star, der schon allein wegen seiner öffentlich bekannt gegebenen Homosexualität nicht mehr ins Umfeld der bisherigen rechtsextremen Parteien passt, welche sich häufig gegen Homosexualität äussern. Dagegen weist er viele Züge eines Rechtspopulisten auf, zum Beispiel bei seinen Appellen an das Volk, bei seiner Kritik an den politischen Eliten („Ich will den korrupten Haager Filz beseitigen"[11]) und in seiner frechen Rhetorik bzw. seinem nonkonformistischen Auftreten. Er zieht ins Feld „gegen die politische Korrektheit, das niederländische, auf Konsens ausgerichtete Poldermodell und besonders nach dem 11. September 2001 gegen den Islam und die Einwanderung"[12] und hat damit Erfolg.

---

[10] Van den Brink: The Netherlands, 242-258.

<http://www.espch.salford.ac.uk/politics/rg/chapter1.html>.

[11] Schenker, Mark: <Ich will den korrupten Haager Filz beseitigen>, in: Tages-Anzeiger, 23. April 2002.

[12] Bachmann, Klaus: Strammer Marsch nach rechts, in: Der Bund, 8.März 2002

Bei ‚Leefbaar Nederland' (LN) handelt es sich um eine erst seit zwei Jahren existierende Partei. Trotz ihrer ausländerfeindlichen Haltung zieht sie erfolgreich Protestwähler – linke wie auch rechte - an. Im November 2001 wurde Pim Fortuyn zum Spitzenkandidaten dieser Partei, nachdem er dem Parteivorstand versprechen musste, sich mit seinen offen rechtsextremen Positionen zurückzuhalten. Mit Pim Fortuyn hatte die Partei Erfolg, eine Regierungsbeteiligung in den Wahlen vom 15. Mai 2002 wurde nicht ausgeschlossen, Schätzungen wiesen auf einen Wähleranteil von über 15%. Doch im Januar 2002 sagte Pim Fortuyn in einem Interview in der Zeitung ‚De Volkskrant': „16 Millionen Niederländer sind genug, das Land ist voll"[13] und der Islam sei eine „rückständige Religion"[13]. Er forderte ein Einreiseverbot für Anhänger des Islams und - wie es schon Hans Janmaat 1994 versucht hat - die Abschaffung des ersten Verfassungsartikels, der Diskriminierung verbietet. Diese Äusserungen gingen auch der eigenen Partei zu weit, und so wurde Pim Fortuyn am 10. Februar 2002 aus der nationalen Partei ‚Leefbaar Nederland' ausgeschlossen. Doch damit nahm sein Erfolg nicht ab - im Gegenteil. Mit der Partei ‚Leefbaar Rotterdam', die von der nationalen Partei ‚Leefbaar Nederland' unabhängig ist, erzielte er in den Kommunalwahlen vom 6. März in Rotterdam auf Anhieb 34,7% der Wählerstimmen. Dieses Resultat steht in krassem Gegensatz zu dem Stimmenanteil der bisherigen rechten Parteien und ist Zeichen der politischen Wende. Mit der eiligst gegründeten landesweiten ‚Lijst Pim Fortuyn' will der Politiker an den Wahlen vom 15. Mai 2002 stärkste Fraktion in Den Haag werden und Wim Kok als Regierungschef beerben. Wim Kok war seit 1994 Regierungschef einer Mitte-Links-Koalition. Am 16. April 2002 trat er zusammen mit dem gesamten Kabinett vorzeitig ab. Anlass dazu gab ein Untersuchungsbericht über den Fall der UN-Schutzzone Srebrenica und die damaligen Massaker an über 7000 Zivilisten, in dem die Regierung heftig kritisiert wird. Die Soldaten hätten das Massaker nicht verhindern können, die Mission sei unüberlegt, aussichtslos und ungenau definiert gewesen, und danach habe die Militärführung der Regierung und Öffentlichkeit über die Vorgänge in Bosnien bewusst nicht die Wahrheit gesagt.

Der Rücktritt Wim Koks ist aber gleichzeitig auch Folge einer tief greifenden Krise, in der sich die Koalition seit längerem befindet. So schreibt die Berliner Zeitung taz von

---

[13] Raijer, Henk: Rassist muss gegen (sic), in: die tageszeitung, 11. Februar 2002.

einem „Unbehagen vieler Niederländer an der Unentschlossenheit der ‚lila'
Regierung"[14]. Trotz wirtschaftlicher Erfolge gibt es eklatante Engpässe im
Gesundheitssystem, ein Chaos im Schulwesen und die Kriminalität wächst ständig.
Das grosse Protestpotential in der niederländischen Gesellschaft wurde von der
Regierung erst mit den Erfolgen von ‚Leefbaar Nederland' und Pim Fortuyn realisiert.
Denn dieser konnte den Verdruss über die aktuelle Regierung voll ausnutzen, da er
sich gegen eben diese äussert und als Gegensatz eine Art „Null-Toleranz-Politik"[14]
betreiben will. Vor den Wahlen vom 15. Mai 2002 ist Pim Fortuyn aber immer noch
schwer einschätzbar. Er scheint sich – anders als Le Pen oder Haider – gemässigter
auszudrücken, und auch für seine Bemerkungen zum Islam hat er sich entschuldigt.
Dennoch verfolgt er eine rechtspopulistische Linie. Noch nie ist in den Niederlanden
ein rechtsstehender Politiker so erfolgreich gewesen. Vergleichen lässt sich Pim
Fortuyn zwar nicht mit einem Rechtsextremen wie Hans Janmaat (siehe Kapitel 3),
dessen Umfeld ein militanteres und radikaleres ist, doch die Nähe zu
Rechtspopulisten wie Blocher in der Schweiz, Haider in Österreich und Le Pen in
Frankreich ist unbestreitbar.

Die politische Landschaft in den Niederlanden scheint im Wandel zu sein. An Pim
Fortuyn, so sagen inzwischen auch die bisherigen Regierungsparteien, scheint kein
Weg vorbeizuführen. Wie Weit dieser Wandel gehen wird, und wie sich dieser
Rechtsrutsch auf die konkrete Politik auswirken wird, ist vor den Regierungswahlen
vom 15. Mai 2002 schwer einschätzbar. Klar ist aber, dass nun auch in den
Niederlanden, lange Zeit gelobt für ihre tolerante Politik und für ihre Form der
multikulturellen Gesellschaft, mit Pim Fortuyn eine rechtspopulistische Führerfigur
aufgetaucht ist, von der man in Zukunft sicher noch einiges hören wird.[15]

---

[14] Raijer, Henk: Politische Rendite für Pim Fortuyn, in: die tageszeitung, 17. April 2002.

[15] Raijer, Henk: Politische Rendite für Pim Fortuyn, in: die tageszeitung, 17. April 2002.
Bachmann, Klaus: Strammer Marsch nach rechts, in: Der Bund, 8.März 2002.
Schenker, Mark: <Ich will den korrupten Haager Filz beseitigen>, in: Tages-Anzeiger, 23. April 2002.

5. Literaturliste

Anti-Semitism Worldwide 1999/2000. Netherlands, http://www.tau.ac.il/Anti-Semitism/asw99-2000/netherlands.htm, 16. April 2002.

Anti-Semitism Worldwide 2000/1. Netherlands, http://www.tau.ac.il/Anti-Semitism/asw2000-1/netherlands.htm, 16. April 2002.

Rechtsruck in den Niederlanden, <http://www.spiegel.de/politik/ausland/ 0,1518,186000,00.html>, 22. April 2002.

Regierung in Den Haag abgetreten - Anlass Srebrenica-Massaker, http://de.news.yahoo.com/020416/3/2q9g0.html, 22. April 2002.

Bachmann, Klaus: Strammer Marsch nach rechts, in: Der Bund, 8.März 2002.

Betz, Hans-Georg: Radical right-wing populism in Western Europe, Basingstoke 1994.

Eatwell, Roger: The Rebirth of the 'Extreme Right' in Western Europe?, in: Parliamentary Affairs, 3 (2000), 407-425.

Gibson, Rachel K.: The Growth of Anti-Immigrant Parties in Western Europe. The National Context, <http://www.espch.salford.ac.uk/politics/rg/chapter1.html>, 22. April 2002.

Husbands, Christopher T.: The Netherlands: Irritants on the Body Politic, in: Hainsworth, Paul (Hg.): The Extreme Right in Europe and the USA. London 1992, 95-125.

Loch, Dietmar / Heitmeyer, Wilhelm (Hg.): Schattenseiten der Globalisierung. Rechtsradikalismus, Rechtspopulismus und separatistischer Regionalismus in westlichen Demokratien. Frankfurt am Main 2001.

Raijer, Henk: Politische Rendite für Pim Fortuyn, in: die tageszeitung, 17. April 2002.

Raijer, Henk: Rassist muss gegen (sic), in: die tageszeitung, 11. Februar 2002.

Schenker, Mark: <Ich will den korrupten Haager Filz beseitigen>, in: Tages-Anzeiger, 23. April 2002.

Van den Brink, Rinke: The Netherlands, in: Camus, Jean-Yves (Hg.): Extremism in Europe. La Tour d'Aigues 1998, 242-258.